NOUVELLES
Histoires
drôles

97

Texte original
Jeanne Olivier

Adaptation thématique
Paul Lacasse

Illustration de la couverture
Philippe Germain

EH Héritage jeunesse

Nouvelles Histoires drôles no 97
Illustration de la couverture : Philippe Germain
© Les éditions Héritage inc. 2009
Tous droits réservés

Dépôts légaux : 3e trimestre 2009
Bibliothèque nationale du Québec
Bibliothèque nationale du Canada

ISBN : 978-2-7625-8975-7
Imprimé au Canada

Les éditions Héritage inc.
300, rue Arran
Saint-Lambert (Québec) J4R 1K5
Téléphone : (514) 875-0327
Télécopieur : (450) 672-5448
Courriel : information@editionsheritage.com

*À tous ceux et celles
qui aiment collectionner,
écouter et raconter des
blagues.*

DES BLAGUES AVEC LES AMIS

Cinquième partie

Deux copains discutent :

— Mon frère s'est fait mal hier.

— Comment ?

— En jouant.

— À quoi jouiez-vous ?

— À celui qui se pencherait le plus loin sur le bord de la fenêtre. Et il a gagné...

●

Manon : Ma mère vient de m'acheter de beaux souliers. Mais ils me font mal ! Pour trois jours, ça va être un vrai supplice !

France : Eh bien ! commence à les mettre seulement le quatrième jour !

●

— Maman, tu ne trouves pas ça bizarre que le mot « voler » s'écrive avec un seul L ? Pourtant, les oiseaux en ont deux !

●

Je suis un nez qui n'a pas peur du tonnerre.

Un nez-clair. (éclair)

•

Un gars qui se réveille un bon matin voit un ours accroché à un poteau de téléphone dans sa cour. Il appelle un spécialiste qui arrive quelques minutes plus tard avec son chien et sa carabine. Le spécialiste dit alors au gars :

— Bon, voilà ce que je vais faire. Je vais monter dans le poteau de téléphone et secouer l'ours pour qu'il tombe. S'il tombe, lâche le chien. Il va le mordre, et après, ce sera terminé.

— La carabine, elle sert à quoi ?

— Ben si c'est moi qui tombe, tire sur le chien !

•

Laura : Qu'est-ce que tu as eu à ta fête ?

— Margot : Un an de plus.

•

Lors d'une exposition agricole régionale, un pilote offrait des vols à 10 $. Son avion était un vieux modèle avec habitacle ouvert pour le pilote et les passagers. Un vieux fermier et sa femme observaient les décollages et les atterrissages depuis une bonne heure. Le pilote, qui les avait remarqués, s'approcha d'eux :

— J'ai une proposition à vous faire. Si vous me promettez de ne pas crier et de rester bien tranquilles, je vous offre une randonnée gratuite. Le couple, heureux de pouvoir faire son baptême de l'air, accepte avec plaisir. Après une quinzaine de minutes de voltige, le pilote atterrit.

— Bravo! dit-il au fermier. Vous avez été un passager exemplaire!

— Merci bien, mais si vous saviez comme j'ai failli crier quand ma femme est tombée de l'avion!

•

Un homme est à la Cour devant le juge.

— Monsieur, avouez-vous avoir donné un coup de poing au visage de votre beau-frère?

— Ben, à vrai dire, monsieur le juge, ce n'est pas tout à fait ça qui s'est passé. Voyez-vous, je lui ai lancé mon gant au visage, mais j'avais complètement oublié que ma main était encore dedans!

●

— Cette nuit, j'ai fait un cauchemar.

— Qu'est-ce que c'était?

— J'ai rêvé que mon chanteur préféré entrait dans la maison et qu'il venait s'asseoir près de moi.

— Et tu appelles ça un cauchemar?

— Oui, parce qu'en s'assoyant, il a fait tomber la télécommande de la télé et je me suis réveillée!

●

Chez le médecin :
— C'est très impressionnant, madame.
— Quoi?
— Votre pouls, il est aussi régulier qu'une horloge.
— Euh… docteur, vous avez mis la main sur ma montre.

•

Melvin : Peux-tu me faire une phrase avec anniversaire?
— Alexandre : Les amies d'Annie versèrent le jus !

•

Antoine et Claude sont en train de pêcher. Depuis deux heures, aucun poisson n'a mordu à l'hameçon.
Antoine, découragé, dit à Claude :
— Je pense qu'on devrait montrer nos permis de pêche aux poissons. Comme ça, ils verraient bien qu'on a le droit de pêcher !

•

Les premières gouttes du déluge commencent à tomber. Noé se tient au bout de la passerelle menant à l'arche. Soudain, il s'écrie :

— Ça y est ! La tortue vient d'arriver. Il ne manque que le lièvre !

●

Mon patron, gémit une jeune secrétaire, m'avait promis que si je faisais du bon travail, il m'offrirait un vison.

— Et tu l'as eu, ton vison ?

— Oui, mais maintenant, chaque matin, je suis obligée de nettoyer la cage.

●

Sur un vol long-courrier, un passager regarde tranquillement par le hublot et aperçoit un parachutiste agrippé à l'aile de l'appareil. L'homme fait des grands signes comme s'il voulait que le passager vienne le rejoindre. Plutôt surpris par la scène, le passager prévient l'hôtesse qui regarde à son tour par le hublot. Le parachutiste redouble d'efforts pour les inviter à le rejoindre et, sans hésitation, l'hôtesse commence à mettre son parachute.

Le passager : « Mais vous n'allez pas y aller, quand même ? »

— L'hôtesse : « Si... Cet homme, c'est le pilote. »

●

Pierre : Quel est ton animal préféré ?

— Frédéric : Le chat.

— Pierre : Quelle est ta couleur préférée ?

— Frédéric : Bleu.

— Pierre : Quelle est ton chiffre préféré ?

— Frédéric : 13.

— Pierre : As-tu déjà vu un chat bleu à treize pattes ?

●

Nous sommes en plein milieu de l'hiver. Le chef d'orchestre se rend à une répétition de l'orchestre symphonique. Tout le monde est enrhumé. Les musiciens ont le nez bouché, les oreilles bouchées, ils n'arrêtent pas de tousser. Le chef d'orchestre n'en peut plus et leur dit :

— Bon ! Je peux comprendre que vous fassiez des fausses notes et que vous ne commenciez pas tous ensemble. Mais s'il vous plaît, pouvez-vous au moins tous jouer le même morceau !

•

Martin va faire des courses au supermarché. Il se présente à la caisse avec une gigantesque boîte de savon à linge. La caissière, qui a toujours un petit mot gentil pour lui, lui demande s'il a beaucoup de linge à laver. Martin répond :

— Oh non, c'est pour laver mon chien ! La caissière réplique :

— Tu ne devrais pas utiliser de

savon à linge pour laver ton chien, tu vas le rendre malade! Mais Martin ne s'en laisse pas imposer. Il paie sa boîte de savon et s'en va. Une semaine plus tard, il revient au supermarché pour acheter des bonbons. La caissière lui demande :

— Et puis, Martin, comment va ton chien?

— Oh, il est mort. La caissière compatit :

— Il n'a pas supporté le savon à linge, n'est-ce pas?

— Je ne pense pas que c'est le savon à linge qui l'a tué, je crois que c'est le cycle de rinçage.

•

Ce qu'il y a de plus étrange quand on va voir une partie de hockey, c'est que ceux qui auraient le plus besoin de faire du sport ne sont pas sur la glace, mais tout autour, sur les bancs.

•

— Aujourd'hui, on a eu un cours sur les statistiques, annonce Éric.

— Peux-tu me donner un exemple?

— D'accord. Il y a 66 % de chances qu'il pleuve la nuit où tu décides d'aller faire du camping!

•

Étienne : Je vais te raconter l'histoire de l'homme à la valise.

— Kim : D'accord!

— Étienne : Il était une fois un homme qui sortait de chez lui avec une valise à la main. Le gardien de son immeuble lui demande ce qu'il transporte dans sa valise. L'homme lui dit : « C'est pas de tes affaires. » Un peu plus tard, sur un coin de rue, il croise une voisine qui lui demande ce qu'il y a dans sa valise. Il répond : « C'est pas de vos affaires. » Froissée, la dame s'en va. L'homme arrête alors un taxi et prend place dans la voiture. Le chauffeur de taxi lui demande gentiment s'il y a quelque chose de précieux dans sa valise.

L'homme répond : « C'est pas de vos affaires ». Le chauffeur, insulté, arrête sa voiture et fait descendre son passager. Il se rend compte alors que l'homme a oublié sa valise sur la banquette arrière.

— Kim : Et qu'est-ce qu'il y avait dans la valise ?

— Étienne : C'est pas de tes affaires !

●

Deux *newfies* font une balade à bicyclette. À un moment donné, un des *newfies* s'arrête, descend de sa bicyclette et dégonfle ses pneus. L'autre lui demande ce qu'il fait. Il lui répond qu'il baisse sa selle qui était trop haute. L'autre descend à son tour, dévisse sa selle et son guidon et les inverse. Son ami *newfie* lui demande ce qu'il fait.

— Je retourne chez moi parce que tu es trop niaiseux.

●

Monsieur et madame Tartempion assistent à un concert. Pendant que l'orchestre joue, madame dit tout bas à son mari :

— Regarde, l'homme devant nous s'est endormi. Moi, je trouve ça inacceptable ! Il y a juste les imbéciles pour faire ça !

— Oui, et c'est pour me dire ça que tu me réveilles ?

●

Un homme qui pêchait dans un lac sort de l'eau une vieille botte toute ratatinée.

— Pauvre toi ! lui dit son compagnon. Tu n'es vraiment pas chanceux !

— Ce n'est pas grave ! Je m'y attendais, tu sais !

— Comment ça ?

— J'avais mis un vieux bas à mon hameçon !

●

Un monsieur entre dans son salon avec un chiffon et une bouteille de décapant. Il décroche un Renoir, un Degas et un Van Gogh. Avec un chiffon imbibé de décapant, il efface les trois signatures et, à l'aide d'un feutre noir, il inscrit à l'emplacement des signatures « Martine. »

Sa femme, qui arrive à ce moment-là, s'exclame :

— Mais tu es complètement fou !

— Ne t'inquiète pas, dit son mari pour la rassurer. L'inspecteur des impôts passe demain, mais j'ai tout mis à ton nom.

•

— Chaque matin, mon voisin boit un petit verre de peinture.

— Hein ? Pourquoi ?

— Parce qu'il est décorateur d'intérieur !

•

— Monsieur et madame Isson ont eu leur bébé.

— Comment s'appelle-t-il?

— Paul!

●

— Trouves-tu que je siffle bien?

— Oui.

— C'est parce que j'ai du talent.

— Je dirais plutôt que c'est parce que tu as une cervelle de moineau.

●

C'est un couple de Belges qui revient de la Côte d'Azur. Il s'arrête au bord de la route et la femme dit:

— Regarde donc, des gens ont oublié un barbecue. Il est encore neuf, il n'a jamais servi. On va le rapporter chez nous à Bruxelles. Ils ouvrent le coffre de la voiture et y placent le barbecue. Ils arrivent à la douane. On leur demande s'ils ont quelque chose à déclarer.

— Rien, répond le mari.

La femme intervient :

— Mais si, dis-lui, après tout. On a trouvé un barbecue.

— Ah oui, dit le douanier, faites voir. Alors, ils ouvrent le coffre et le douanier dit :

— Ah, c'est vous qui avez piqué le radar !

•

— Salut ! Comment te sens-tu ?

— Je me sens avec mon nez, comme tout le monde !

•

Deux cannibales se préparent à faire cuire un homme-grenouille.

— Hum ! dit l'un d'eux, on va faire tout un gueuleton !

— Ne t'emballe pas trop vite ! Il n'y a que les cuisses qui sont bonnes à manger.

•

Un jeune gars dit à un autre dans le train :

— Oh tiens, je vais te raconter une histoire...

L'autre :

— Ah, mais ça ne va pas, j'ai un problème à bien comprendre !

— C'est pas grave, répond le premier, je te la raconterai deux fois.

•

France : Tu sais que je suis pour la protection des animaux. Je trouve inacceptable que tu aies coupé en deux ce pauvre ver de terre ! Comment as-tu pu faire une chose aussi cruelle ?

— Marc : Mais il avait l'air si seul !

•

Émilie : Quelle est la différence entre toi et un train ?

— Lili : Je ne le sais pas.

— Émilie : Toi, tu dérailles souvent !

•

Le premier fermier : Mon épouvantail est si horrible qu'il éloigne tous les oiseaux de mon champ.

— Le deuxième fermier : C'est rien, ça ! Le mien fait tellement peur aux oiseaux que cette année, ils m'ont rapporté tout le maïs qu'ils m'avaient volé l'année passée !

•

Une dame se présente à l'animalerie et se plaint :

— Vous m'aviez dit que ce chat était très bon pour les souris ! Pourtant, chaque fois qu'il en aperçoit une, il se sauve.

— Justement, madame, c'est ça, être très bon pour les souris !

•

Le médecin : Alors, vous dites avoir des problèmes de mémoire ?

— Le patient : Moi, j'ai dit ça ?

•

— Mon père, ne vous froissez pas si mon mari a quitté l'église durant votre sermon! dit une paroissienne embarrassée à son curé.

— J'ai été surpris, je l'avoue, de sa désinvolture.

— Ce n'était pas de sa part la marque d'une quelconque réprobation, je vous assure! Mon mari est tout simplement somnambule!

•

Un milliardaire américain est à l'agonie. Comme il n'a pas d'enfants, il convoque sa secrétaire à son chevet:

— Catherine, lui dit-il, j'ai décidé de vous laisser toute ma fortune.

— Oh, monsieur, dit-elle, comme c'est gentil à vous. Que puis-je faire pour adoucir vos derniers instants?

— Eh bien, enlevez votre pied du tuyau d'oxygène...

•

Dans la jungle, le singe dit au perroquet :
— Espèce d'imbécile.
— Pourquoi m'insultes-tu ?
— Parce que tu ne sais rien faire. Moi, au moins, je peux faire les mêmes choses que font les hommes : marcher, courir, sauter, me gratter sous les bras.
— Peut être, dit le perroquet, mais moi je sais parler.
— Ah bon ? Et moi, qu'est-ce que tu crois que je suis en train de faire en ce moment ?

•

Une maman demande à sa fillette :
— Est-ce que tu as donné de l'eau fraîche aux petits poissons, comme je te l'ai demandé ?
— Non maman.
— Et pourquoi ne l'as-tu pas fait ?
— Bien, maman, les petits poissons n'ont même pas fini de boire celle que je leur ai donnée hier !

•

Dans un parc, une dame croise une petite fille qui s'amuse avec son chien.

— Comme il est mignon! Comment s'appelle-t-il?

— Wouf! Wouf!

— Euh... c'est un bien drôle de nom!

— Moi aussi je trouve ça. Mais c'est pourtant ce qu'il m'a répondu quand je lui ai demandé son nom!

●

C'est un clochard qui trouve une vache perdue et veut la garder. Son ami le met en garde:

— Tu ne devrais pas, tu sais que ça sent très mauvais.

— Oh, elle finira par s'habituer.

●

Un petit rigolo fait irruption chez un antiquaire:

— Alors quoi de neuf?

●

Un couple n'arrête pas de parler pendant un spectacle. Le monsieur assis juste derrière eux perd patience et leur dit :

— Pardon, mais je ne peux pas entendre.

— Ce que je dis à ma femme ne vous regarde pas ! répond le bavard.

•

Amélie : Hier soir, j'avais rendez-vous avec Étienne. Il est arrivé une heure en retard ! J'étais tellement en colère que je l'ai planté là !

— Gabrielle : Et tu crois qu'il va repousser ?

•

Il était une fois un petit garçon qui jouait du piano. Il était tellement poli qu'il portait des gants de caoutchouc pour ne pas réveiller les voisins.

•

Une dame qui vient de manger au restaurant se lève pour partir sans laisser de pourboire.

Le serveur lui dit : En tout cas, madame, si vous vous apercevez, une fois arrivée chez vous, que vous avez perdu votre portefeuille, rappelez-vous seulement que ce n'est pas ici que vous l'avez sorti !

●

Une dame se promène dans la forêt sur son cheval. Elle aperçoit un lapin qui lui dit : « Bonne journée, madame ! »

Tout étonnée, la dame dit : « Je ne savais pas que les lapins pouvaient parler. » « Moi non plus », répond le cheval.

●

Madame escargot est bien embêtée. Elle est en train de faire cuire un rôti et elle s'aperçoit qu'elle a oublié d'acheter du pain. Elle envoie donc son mari en catastrophe à la boulangerie. Deux heures passent, et le mari n'est toujours pas revenu. Comme le rôti a brûlé depuis belle lurette, elle décide d'ouvrir une boîte de pâté et d'aller à la boulangerie elle-même, se disant que son mari est sûrement parti prendre une bière. En ouvrant la porte, elle aperçoit son mari.

— Ah, quand même! ça fait deux heures que t'es parti!

— Ah, si tu cries, j'y vais pas!

•

Au marché, il y a un étal où l'on vend des pots de crème rajeunissante. Une dame s'arrête, sceptique:

— C'est vraiment efficace? Le vendeur s'adresse alors à la jeune fille qui est à côté de lui:

— Maman, donne donc un pot de crème à la dame!

•

Dring!

— Oui, allô...

— Allô Ginette, c'est Céline, je voudrais parler à Paul, S.V.P.

— Chéri, l'appel est pour toi!

— Qui est-ce?

— Céline...

— C'est Line?

— Non ce n'est pas Line!

— Pauline?

— NON! Céline...

— Ha! C'est Line.

— Non! Céline, pas Line!

— Line-Pauline? Connais pas!

— C'est pas Line-Pauline, c'est Céline!

— Pauline-Pauline-Cécéline? Connais pas!

— OUBLIE ÇA!, elle reprend le combiné.

— Allô...

— Allô Paul?

— Non, c'est pas Paul.

— PoPaul?

— Non, c'est pas Popaul.

— Popopaul?

•

— Pauvre monsieur, dit le mécanicien, votre batterie est à terre!

— Ben, ramassez-la!

*

Une souris et un éléphant traversent le désert. La souris se promène dans l'ombre de l'éléphant.

Elle lui dit soudain : Si tu as trop chaud, je peux changer de place avec toi!

*

Deux types se croisent :

— Comment va la santé?

— Le médecin m'a conseillé de faire du sport, alors je fais des barres parallèles.

— C'est quoi ça?

— Je vais boire un coup au bar, ensuite je vais boire un coup au bar d'en face, ensuite je reviens; les bars parallèles, quoi!

*

À l'entrée du désert se trouve un dépanneur. Sur la porte, on peut lire : N'oubliez pas d'acheter votre jus et votre eau en bouteille ici. Tous les dépanneurs que vous verrez dans le désert sont des mirages !

●

L'amoureuse : Chéri, tu me fais penser à l'océan !

— L'amoureux : Tu veux dire que tu me trouves romantique ?

— L'amoureuse : Non, je veux dire que tu me donnes le mal de mer...

●

Le frère : Maman vient de me dire qu'elle attendait ma naissance le 23 mars et je suis né en avance, le 18 mars.

— La sœur : Chanceux. En plein le jour de ta fête.

●

Un gars est en pleine discussion avec les croque-morts. Sa belle-mère vient de mourir et les employés des pompes funèbres lui demandent:

— La défunte avait-elle fait un choix sur ce qu'elle voulait faire de son corps?

— Non, répond le gars.

— Dans ce cas, c'est à vous de choisir. Doit-on l'incinérer, l'embaumer ou l'enterrer?

— Les trois, on prendra pas de chances!

•

Tout en spéculant sur les valeurs de la Bourse, un homme d'affaires sort de sa poche un paquet de tabac et du papier à cigarettes.

Un autre, en l'observant, lui dit: Tiens, tiens. Vous roulez même vos cigarettes!

•

Pendant la messe, l'orage éclate et la foudre tombe sur le clocher. Plus terrorisé encore que ses fidèles, le prêtre se retourne vers eux :

— Mes frères, dit-il, arrêtons la messe et prions !

●

Quelle partie de l'auto fait le moins de bruit ?

Le silencieux !

●

Le médecin chef du service de pneumologie de l'hôpital entre en courant à la morgue et crie à l'employé : Maurice ! Ressortez le numéro 4 de son tiroir ! Ce n'est pas son pouls qui s'est arrêté, c'est ma montre !

●

Ma cave est tellement humide que, lorsque j'installe un piège à souris, j'attrape un poisson.

●

Un gars décide de tapisser les murs de son appartement. Comme il sait que son voisin vient de tapisser et que les deux appartements ont exactement la même disposition, il descend lui demander :

— Bonjour, je vais tapisser les murs de mon appartement et j'aimerais savoir combien vous avez acheté de rouleaux de papier peint pour faire le travail.

— J'en ai acheté 24.

Le gars va acheter 24 rouleaux et commence à tapisser les murs. Une fois que son appartement est complètement tapissé, il lui reste, à sa grande surprise, 3 rouleaux. Il s'assure qu'il n'a rien oublié et constate qu'il lui reste bel et bien 3 rouleaux. Par curiosité, il sonne à nouveau chez le voisin :

— Dites-moi, c'est étrange, mais j'ai acheté le même nombre de rouleaux que vous, et il m'en reste obstinément 3 en trop !

— Ah ! vous aussi ?

•

Lorraine : Qu'est-ce qui est blanc et noir et qui vole ?

— William : Aucune idée.

— Lorraine : Un zèbre.

— William : Mais voyons, un zèbre ça ne vole pas.

— Lorraine : Je le sais bien, mais sinon c'était trop facile.

•

Chez le psychiatre :

— Docteur ! Docteur ! tout le monde me dit que je me prends pour un singe !

— Bon, bon ! Premièrement, descendez de ma bibliothèque et donnez-moi cette banane ; nous allons en parler.

•

— C'est vraiment tragique. De nos jours, les gens ne s'écoutent même plus parler.

— Pardon ?

•

Maman, annonce un jeune garnement, je suis renvoyé de l'école pour trois jours.

— Mais pourquoi?

— Parce que l'élève assis devant moi fumait.

— C'est injuste de la part de ton directeur, rugit la mère, de te mettre à la porte sous ce prétexte.

— C'est moi qui avais un peu mis le feu à son chandail.

•

Un monsieur portant sur son nez des lunettes très épaisses va consulter son médecin:

— Docteur, j'ai beaucoup de difficulté à m'endormir.

— Je vous dirais bien de compter des moutons, mais dans votre cas, avec ce problème de myopie, je vous recommanderai plutôt de compter des éléphants!

•

Un homme achète une trappe à souris. En arrivant chez lui, il se rend compte qu'il ne lui reste plus de fromage. Alors il décide d'y placer une photo de fromage. Le lendemain matin, quand il se lève, il va vérifier la trappe à souris. À la place de la photo de fromage, il trouve une photo de souris.

●

Maman cannibale dit à son fils :
— Combien de fois je t'ai dit de ne pas parler avec quelqu'un dans la bouche !

●

Au magasin :
— Cherchez-vous quelque chose, madame ?
— Oui, j'aimerais avoir une robe de chambre.
— Très bien, de quelle grandeur est votre chambre ?

●

Un joueur compulsif rencontre un de ses amis

— Fini le jeu pour moi! Il m'a trop fait perdre d'argent. Je ne jouerai plus jamais au poker, ni aux courses, ni à rien du tout, jamais!

— Tu tiendras jamais, mon pauvre ami!

— Ah oui? Tu paries combien?

•

Dans un train, un voyageur un peu curieux observe un de ses voisins qui porte à sa bouche une gourde toutes les cinq minutes. Il se demande bien ce que son voisin peut boire d'aussi bon cœur, lui qui a énormément soif. Voilà que le train passe dans un tunnel, notre curieux se jette sur la gourde et boit le liquide à grandes gorgées. Mais il ne la remet pas bien en place. Le tunnel passé, l'homme demande : Vous n'avez pas vu mon crachoir?

•

Au jardin zoologique, une dame s'exclame :

— Oh ! les jolis bébés lions, qu'ils sont mignons ! Je me demande ce qu'ils nous diraient s'ils pouvaient parler.

— Ils vous diraient probablement : « Nous sommes des tigres, pas des lions ! » répond le gardien.

●

Deux nigauds discutent :

— C'est vrai que depuis ton mariage, tu n'es pas sorti une seule fois avec ta femme ?

— Absolument ! Pas question que je sorte avec une femme mariée !

●

— Maman, tout le monde me dit que j'ai un grand nez.

— Mais non, mon chéri. Va chercher un drap et mouche-toi, tu n'arrêtes pas de renifler.

●

Un policier arrête un automobiliste qui roule à une vitesse folle sur l'autoroute. Il sort son calepin de contraventions et son crayon et s'approche de la voiture pour s'apercevoir que le conducteur est complètement ivre. Il lui demande alors d'un ton rude :

— Nom et prénom, monsieur.

— Ladutchevskaya-Torindinski, Alphidias.

— Bon... Euh, pour cette fois, ça va, dit l'agent en remettant son calepin et son crayon dans sa poche, mais que je ne vous y reprenne plus !

•

Ce sont deux fous qui marchent dans la rue et l'un d'eux passe devant un miroir :

— Dis-donc, je le connais celui-là.

L'autre lui répond : Attends, pousse-toi...

— Mais bien-sûr, c'est moi !

•

Deux pâtés chinois jouent à cache-cache. L'un ne trouvant pas l'autre, il lui demande :

— Ou s't'es caché ? (steak haché)

•

Maman glacier vient d'accoucher.

— L'infirmière se tourne vers l'heureux papa et lui dit : Félicitations, c'est un glaçon !

•

Chez le vétérinaire :

— Mon vieux chien adoré est devenu fou.

— Qu'est-ce qui vous fait dire ça ?

— Vous savez, ça fait déjà quelques mois qu'il n'est plus capable de marcher et depuis hier, il s'est mis à danser la salsa.

— Mais voyons, il ne peut pas être capable de danser.

— C'est ce que je vous dis, il est devenu fou.

•

Une dame angoissée entre au poste de police et dit : Ça s'est passé il y a un mois. J'avais préparé du poulet. Mon mari est descendu chercher une boîte de petits pois à l'épicerie. Et il n'est jamais revenu ! Qu'est-ce qu'il faut faire ?

Un flic lui répond : Bien, faites des frites !

•

Monsieur thon appelle sa copine dame sardine. Drrrrrring !
— Allô !
— Non, à l'huile !

•

Un nigaud se blesse sur une clôture. Il décide d'aller voir le médecin. Le médecin lui donne un pansement et lui dit de le mettre là où il s'est blessé. En rentrant chez lui, le nigaud met son pansement sur la clôture.

•

À quatre heures, en quittant la classe, le petit Maurice demande gentiment à l'institutrice :

— S'il vous plaît madame, pouvez-vous me dire ce que j'ai appris à l'école aujourd'hui ? Papa me le demande tous les soirs, et je ne le sais jamais !

•

— Peux-tu me faire une phrase avec hippopotame ?

— Mon frère s'en va voir une partie de baseball mais hippopotamener !

•

C'est un gars qui va chez le médecin en se plaignant de maux de ventre. Le médecin lui fait des radios et voit distinctement un couteau, une fourchette et des débris d'assiette.

Il dit au patient : Voilà votre problème ! Vous mangez trop vite !

•

Deux amoureux discutent :

— Demain, dit le garçon, j'ai une partie de baseball. Je tiens à te dire, ma chérie, que je vais jouer pour toi, juste pour toi !

— Tout de même, répond l'amoureuse, j'espère qu'il y aura quelques personnes pour vous regarder !

•

Dans un avion :

— Monsieur, dit l'agent de bord, veuillez attacher votre ceinture.

— Ce n'est pas nécessaire, j'ai des bretelles.

•

Au restaurant :

— Garçon ! Ça fait une heure que j'attends ma soupe !

— Cher monsieur ! J'aimerais donc ça que tout le monde soit aussi patient que vous !

•

— Mon voisin vient d'écrire un livre.

— Quel en est le titre ?

— « *Comment devenir riche.* »

— Et comment s'appelle ton voisin ?

— Monsieur Lafortune !

●

Deux Chinois jouent aux quilles. L'un d'eux fait un abat. L'autre lui dit : C'est beau, Ling !

●

Trois gars font un concours. Celui qui réussit à rester le plus longtemps dans la porcherie gagne. Le premier entre et ressort en courant au bout de 30 secondes. Le deuxième prend son souffle et entre. Il ne réussit même pas à rester 15 secondes ! Le troisième entre à son tour. Les premières 15 secondes passent, puis 20, puis 30, et tous les cochons sortent en courant !

●

Kevin est au cirque. Un homme entre sur scène.

— Quel est ce numéro? demande Kevin à sa mère.

— Ça, il paraît que c'est le clou du spectacle.

— Ah, d'accord, c'est pour ça que l'homme est aussi maigre.

•

Un policier voit passer à toute vitesse sur l'autoroute une voiture qui zigzague. L'agent actionne sa sirène et arrête le conducteur.

— Monsieur, quelle est cette façon de conduire?

— Voyez-vous, monsieur le policier, c'est que je suis en train d'apprendre à conduire.

— Ah oui! Et où est votre instructeur?

— Euh... c'est que je suis des cours par correspondance.

•

C'est l'histoire d'un gars qui part prendre une marche et qui revient plus tard avec un escalier.

●

Drrrrrrrrrrrring!
— Oui, allô?
— Je voudrais parler à Francis.
— Vous avez composé le mauvais numéro, il n'y a pas de Francis ici.
— Oh, je suis vraiment désolé de vous avoir dérangé.
— Vous ne me dérangez pas, le téléphone venait de sonner.

●

Deux vieux copains discutent de leurs malheurs au travail.
— Qu'est-ce que tu veux! On est sur terre pour travailler!
— Ouais... si j'avais su, je serais devenu marin!

●

Un homme ivre demande au barman :

— Quelle heure est-il ?

— Quatre heures.

— Je ne comprends pas. Chaque fois que je te pose cette question, tu me donnes une réponse différente.

•

Deux petits vieux sont assis sur un banc, l'un des deux dit à l'autre :

— Tu te souviens quand jadis, nous courtisions les filles ?

— Oui, je me souviens, mais je ne me souviens plus pourquoi.

•

Au restaurant :

— Garçon, pouvez-vous me servir deux œufs, s'il vous plaît.

— Bien sûr, madame, comment les voulez-vous ?

— Un à côté de l'autre.

•

La femme de Gaston appelle son mari.

— Gaston?

— Ouais, qu'est-ce que tu me veux encore?

— Je ne trouve plus le livre que j'ai acheté la semaine dernière. Tu te souviens, il avait pour titre : *L'art de devenir centenaire*! Qu'est-ce que t'en as fait?

— Je l'ai jeté.

— Tu as du culot, pourquoi tu l'as jeté?

— Parce que j'ai vu que ta mère commençait à le lire!

●

Chez le médecin :

— Docteur, je n'arrête pas de voir des pingouins rouges à fleurs jaunes.

— Oh là là! Avez-vous vu un optométriste?

— Non, j'ai juste vu un pingouin rouge à fleurs jaunes!

●

— Alors, as-tu trouvé du travail?

— Ne m'en parle pas, j'avais réussi à décrocher un emploi à Limoges et ils m'ont limogé. Ensuite, j'ai trouvé une place à Vire, ils m'ont viré. J'ai été embauché à Lourde, 10 jours après ils m'ont lourdé. Et hier, on m'a proposé un boulot à Castre, j'ai tout de suite dit non!

•

— J'ai rencontré le gars le plus dur en ville.

— Qu'est-ce qui te fait dire ça?

— Il s'appelle Pierre Laroche!

•

Cécilia trouve son frère attablé devant un énorme morceau de gâteau au chocolat.

— Tu vas manger ça tout seul?

— Oh non, je vais aussi prendre quelques biscuits et un grand verre de lait.

•

Une femme apprend à son perroquet à répondre aux livreurs. Un jour, le perroquet se trouve devant un commerçant de bois de chauffage.

— Dix cordes, s'il vous plaît, dit le perroquet.

— Tu es malin, toi, tu sais parler.

— Oui, et je sais compter aussi. Apportez la dernière corde !

•

— Ma femme et moi avons acheté, hier, un superbe service de vaisselle de 300 pièces.

— Trois cents pièces ! Mais à quoi ça peut bien vous servir ?

— Ben... en fait, on a acheté un service de 48 pièces, mais en sortant de l'auto, j'ai trébuché...

•

— Je connais un homme qui siffle toujours en travaillant.

— Il doit être heureux !

— Je ne sais pas, c'est un arbitre de hockey.

•

— Je t'assure que tu pourrais faire une carrière fantastique, dit l'entraîneur de football à la nouvelle recrue. Toutefois, il y a un obstacle sur ton chemin.

— Quoi?

— Tu as les deux pieds dans la même bottine!

•

On demande à un condamné quelle est sa dernière volonté:

— Je voudrais manger des fraises pour une dernière fois!

— Des fraises? Mais on est juste au mois de mars! La saison des fraises n'arrive pas avant l'été!

— Bof! C'est pas grave, j'attendrai!

•

Le patient : Vous aviez raison, docteur, quand vous m'avez dit que je marcherais en peu de temps.

— Le docteur : J'en suis très heureux, et depuis quand marchez-vous ?

— Le patient : Depuis que j'ai vendu mon auto pour payer vos honoraires.

•

Un homme loue une chambre d'hôtel. À minuit, il se fait réveiller par une voix :

— Je suis le fantôme à l'œil blanc ! L'homme a tellement peur qu'il se jette par la fenêtre. Le lendemain, un autre homme loue cette même chambre à l'hôtel. À minuit, il entend :

— Je suis le fantôme à l'œil blanc ! Mort de peur, il se jette par la fenêtre ! Le jour suivant, un troisième homme se présente et se retrouve dans la chambre. À minuit, encore :

— Je suis le fantôme à l'œil blanc !

— Ah oui ? Eh bien tais-toi sinon tu vas devenir le fantôme à l'œil noir !

•

En mettant de l'ordre dans ses papiers, un gars tombe sur un billet de cordonnerie qui date de plus de 10 ans. Par curiosité, il l'apporte au cordonnier, qui part dans son arrière-boutique et revient avec une paires de chaussures aux talons décollés.

— Revenez jeudi, ce sera prêt... j'ai été débordé ces derniers temps!

•

À la NASA, les employés de la tour de contrôle reçoivent un message de la navette spatiale :

— Allô, tour de contrôle?

— Oui, que se passe-t-il?

— Un vaisseau extraterrestre vient de s'approcher de nous. Un des passagers en est sorti, et il se tient droit devant nous avec un appareil photo dans les mains. Que faut-il faire?

— Sourire.

•

Margot : Tu sais que Jacinthe est amoureuse.

— Claire : C'est vrai ? De qui ?

— Margot : J'ai promis de ne pas le dire.

— Claire : Allez, dis-moi le nom du garçon !

— Margot : D'accord. Le nom du garçon !

●

Une ambulance fonce à toute allure et renverse une dame qui tentait de traverser la rue. On la charge sur un brancard et on la monte dans l'ambulance. Le chauffeur la regarde en souriant :

— Bien, on peut dire que vous avez eu de la chance que je me sois trouvé là !

●

Deux ampoules discutent :

— Oh toi ! Tu as toujours des idées brillantes !

●

Jeannot loue une chambre dans un motel. Mais la seule chambre inoccupée est celle que les gens du village croient hantée. Jeannot la prend quand même, en prenant soin d'inspecter chaque recoin, et se couche enfin. Alors qu'il est sur le point de s'endormir, un bruit se fait entendre. Tac... tac... tac... Il allume la lampe de chevet. Personne n'est dans la chambre. Il éteint donc. Mais le bruit recommence et semble se rapprocher. Tac... tac... tac... Pris de panique, il rallume aussitôt et aperçoit, sur la table de nuit, une punaise avec une jambe de bois.

•

Un homme qui se promène dans la jungle tombe soudain face à face avec un lion.

Il se met à genou et dit : « Seigneur, faites que ce lion ait une pensée chrétienne ! »

Le lion s'agenouille à son tour et dit : « Seigneur, bénissez ce repas ! »

•

Deux canards sont au bord d'un étang.

— L'un dit : Coin coin

— L'autre lui répond : C'est fou, c'est exactement ce que j'allais dire !

•

Au moment d'accoster son cargo, le capitaine jette un coup d'œil dans le poste d'équipage et crie aux matelots :

— Alors, la correspondance, c'est terminé ?

— Non, pas tout à fait, répondent les gars.

— Dépêchez-vous, parce que je vais jeter l'ancre !

•

Au restaurant :

— Que puis-je vous servir ?

— Je prendrais bien un jus de tomate.

— Un verre ? (vert)

— Non, plutôt un rouge !

•

Une petite fille écrit une lettre à sa grand-mère. Quand elle a terminé, elle va la montrer à sa mère.

— C'est très bien, ma chérie. Mais pourquoi as-tu écrit aussi gros ?

— Voyons, tu sais bien que grand-maman est sourde.

•

Un *newfie* entre dans une quincaillerie et demande pour acheter une boîte de 5 centimètres carrés sur 4 mètres de long.

— Qu'est-ce que tu vas faire avec ça ? demande le vendeur.

— Je déménage et je voudrais emballer ma corde à linge, reprend le *newfie*.

•

Un pauvre dromadaire avait un maître tellement gros qu'il avait une bosse sous le ventre !

•

Après 45 ans de mariage, une dame assise dans son salon dit à son mari : Au début de notre mariage, tu me caressais souvent le menton.

Sans quitter son journal, il répond : Oui, mais dans ce temps-là, tu n'en avais qu'un et tu n'avais pas de barbe...

●

Fiston : Oh papa ! Regarde les gros nuages noirs !

— Papa : Oh là là ! Il faut que j'aille vite arroser mon gazon avant qu'il commence à pleuvoir !

●

— Maryse, j'ai un petit test de français pour toi. Est-ce qu'on doit dire « le_souper_est_prêt « ou » le_souper_est_prête » ?

— Si c'est toi qui cuisines, Sophie, il faut dire « le_souper_est_brûlé » !

●

— Ma voisine a tellement la tête enflée qu'elle achète ses chapeaux au rayon des abat-jour !

•

— Le chemin est long à partir du vestiaire jusqu'au ring, gronde un boxeur.

— Ne t'en fais pas, pour le retour, on te portera ! ricane son adversaire.

•

Dominique aperçoit son amie attablée devant un plat d'huîtres fumées.

— Quoi. Tu manges ça ?

— Bien sûr. J'adore ça !

— Je me demande comment tu fais pour manger ça.

— C'est bien simple, regarde. Tu ouvres la bouche, tu mets une huître fumée dedans, tu mâches, et finalement, tu avales.

•

Une femme enceinte et son jeune époux vont à leur première visite prénatale. Le médecin réalise une échographie et tout paraissant parfaitement normal, il demande à la jeune femme de se rhabiller. Toutefois, juste avant qu'elle ne remette son chemisier, le docteur saisit un encreur sur son bureau et lui tamponne le ventre, y laissant ainsi une minuscule tache bleue. Il lui recommande en même temps de prendre bien soin de ne pas effacer la tache pendant les prochaines semaines. De retour chez eux, l'homme et la femme examinent la fameuse tache avec une certaine curiosité. S'approchant du ventre de son épouse, l'homme parvient à voir quelques caractères minuscules qu'il lui est toutefois impossible de déchiffrer, même avec une loupe. Deux semaines après, la tache est toujours là. Elle a même grossi en même temps que l'abdomen de la femme. Ça pousse l'homme à reprendre sa loupe pour examiner les caractères de plus près. Cette fois, il lit : «Revenez me voir quand vous pourrez lire ceci...»

•

Un client revient chez le pharmacien.
— Votre dentifrice a un goût infect.
— Et alors? De toute façon, vous le recrachez!

•

Olivier : Qu'est-ce que le temps?
— Alexandre : C'est une chose qui passe trop lentement pendant la semaine et trop vite la fin de semaine.

•

Le juge : «Pourquoi avez-vous volé un complet neuf?»
— Le prévenu : «Pour pouvoir me présenter décemment devant la justice de mon pays!»

•

Une vieille amie de Lolotte lui annonce qu'elle va enfin se marier.

— Ton fiancé sait l'âge que tu as ?

— Oui, enfin, en partie...

•

Deux crayons discutent.

— Toi, tu n'as pas bonne mine !

•

Un papa parle avec son fils.

— Comment ! Tu as échoué à l'oral de fin d'année ?

— Je n'y suis pour rien ! Ils m'ont posé la même question que l'année dernière.

•

Un escargot s'est fait agresser par deux tortues. Il va porter plainte à la police.

— Alors, racontez-nous comment ça s'est passé

— Je ne sais pas, tout s'est passé tellement vite...

•

— Capitaine, nous avons perdu la bataille.

— Eh bien, qu'est-ce que vous attendez? Retrouvez-la!

•

Trois gros bandits font irruption dans une banque. Ils sont tous armés jusqu'aux dents et ont l'air très méchants.

L'un d'eux demande très poliment : Si vous êtes d'accord pour que nous volions la banque, levez les mains s'il vous plaît!

•

Nathalie : Peux-tu me nommer un mot que tu ne dis qu'une fois par jour?

— Liette : Euh... le mot céréale.

— Nathalie : Pardon?

— Liette : J'ai dit céréale.

— Nathalie : Ah! Ah! tu l'as dit deux fois.

•

Un petit chien va à l'école pour la première fois. En rentrant à la maison, sa mère lui demande s'il a aimé le cours de mathématiques.

— Wouf! Wouf! répond-il. Elle lui demande si son cours de français s'est bien passé.

— Wouf! Wouf! répond-il. Puis elle lui demande comment était son cours de langue seconde.

— Miaou! Miaou! répond-il.

•

— Je viens de prendre le journal personnel de ma sœur.

— Pourquoi as-tu fait ça?

— C'est une question d'apprentis-sage!

— Que veux-tu dire?

— Eh bien, on va se cacher dans sa chambre pendant qu'elle le cherche et je te garantis qu'on va apprendre de nouveaux mots!

•

Une dame appelle la police en pleine nuit :

— Venez vite. Il y a un homme qui marche autour de ma piscine depuis des heures en répétant sans arrêt 24, 24, 24, 24...

— Ne vous inquiétez pas, madame, on arrive. Un policier se rend donc dans la cour de la dame, arrête l'homme et lui demande :

— Que faites-vous là ? L'homme ne répond pas, pousse le policier dans la piscine et recommence à marcher en disant 25, 25, 25, 25...

•

Tu rentres bien tard, ce soir, dit la femme du fossoyeur à son mari.

— Ce n'est pas ma faute, chérie. On a enterré un grand comédien et il y avait tellement de monde, de discours, d'applaudissements et de rappels qu'il a fallu le remonter neuf fois !

•

Une maman demande à son fils :

— Est-ce que tu as pensé, au moins, à faire ta bonne action aujourd'hui ?

— Bien sûr ! Je suis allé deux heures chez Mamie et quand je suis partie, elle était drôlement contente !

●

Jean-Sébastien va voir sa grand-mère, accompagné de son amie Sylviane. Je dois t'avertir que ma grand-maman est pas mal sourde. Tu dois lui parler très fort.

— D'accord. Sylviane suit les instructions de son ami et dit à pleine tête :

— Je prendrais bien un morceau de gâteau, s'il vous plaît.

— Pas besoin de crier aussi fort, répond la grand-maman, je ne suis pas sourde. Alors, ton hot-dog, tu le veux avec de la moutarde ou du ketchup ?

●

— Je suis allé voir un psychologue pour mes problèmes de mémoire.

— Qu'a-t-il fait?

— Il m'a fait payer à l'avance!

●

Au restaurant:

— Garçon! hurle le client, ça fait cinq fois que je vous demande une poitrine de poulet!

— Oui, monsieur, je suis désolé, ça s'en vient! Le garçon entre dans la cuisine et demande au chef:

— Vite! Préparez-moi cinq poitrines de poulet!

●

Au restaurant:

— Garçon! Il y a une mouche morte dans ma soupe!

— Oui, je sais. C'est la trop grande chaleur qui leur fait ça!

●

Un camionneur en colère pénètre dans un restaurant.

— Ça fait une demi-heure, dit-il, que je tourne en ville pour trouver un endroit pour me garer. Pourquoi n'avez-vous pas de parking?

— Vous croyez, répond le patron, que si je possédais un parking dans ce quartier, j'aurais besoin de me casser la tête à tenir un restaurant?

•

Deux copains discutent:

— Salut mon vieux! Tu as bien l'air fatigué!

— Ah... si tu savais.

— Que se passe-t-il?

— C'est rendu que je ronfle tellement fort que je me réveille moi-même!

— Mais pauvre vieux! J'ai une solution toute simple pour toi.

— Laquelle?

— Tu n'as qu'à dormir dans une autre chambre!

•

Un acteur un peu prétentieux se prépare à tourner une scène. Mécontent, il se dirige vers le réalisateur :

— Écoutez, pour bien interpréter mon rôle, dans la scène du restaurant, j'exige que le caviar que je mangerai soit du vrai caviar.

— D'accord, je comprends ça. Et à la fin du film, comme vous devez être abattu par des bandits, je leur demanderai de mettre de vraies balles dans les revolvers...

●

Un extraterrestre va faire son rapport à son chef à son retour de mission sur Terre.

— Les habitants de la planète Terre sont une espèce flexible.

— Qu'est-ce que tu veux dire, Smurgkx ?

— Ils peuvent avoir le cœur sur la main, l'estomac dans les talons et des yeux tout le tour de la tête.

●

Un homme qui a des problèmes de mémoire joue au golf avec son copain qui n'a pas une très bonne vue. Ce dernier dit à son ami :

— J'ai besoin de ton aide. Je vais frapper ma balle et tu me diras où elle est tombée.

— D'accord. L'homme frappe sa balle.

— Alors, l'as-tu vue tomber ?

— Ah oui ! Je l'ai très bien vue ! Mais il y a juste un problème.

— Quoi ?

— Je ne me souviens plus où !

●

Confidence pour confidence, nous avons été, ma femme et moi, merveilleusement heureux pendant 20 ans.

— Et ensuite ?

— Et ensuite, nous nous sommes rencontrés...

●

— Tu me fais vraiment penser à une vedette de cinéma, dit Jules à sa copine Claire.

— Ah oui? répond Claire, très flattée. À qui?

— Au cochon Babe!

●

Perdu dans la nuit, dans le désert du Mexique, un hérisson heurte malencontreusement un cactus. Il s'écrie, charmé:

— Oh! pardon, mademoiselle. Comme vous avez la peau douce!

●

Chez le médecin:

— Que puis-je faire pour vous? Le patient remet une note au médecin: «Je ne peux pas vous parler. Hier, on m'a posé une question et j'ai donné ma langue au chat.»

●

Dans une chambre d'hôpital, un homme se réveille après un accident de voiture.

— J'ai deux nouvelles pour vous, lui dit le médecin. Une bonne et une mauvaise.

— Commencez donc par la mauvaise, demande le patient.

— J'ai été obligé de vous enlever toutes vos dents.

— Ah non! Et la bonne?

— Votre voisin de chambre accepte de vous vendre ses dentiers.

●

— Moi, raconte une brave mère de famille lors de la réunion du conseil de classe, je me suis fait une règle d'embrasser mes enfants chaque soir, avant qu'ils aillent se coucher!

— Moi aussi! fait une autre mère en soupirant. Mais le plus dur, c'est de me tenir éveillée jusqu'à ce qu'ils rentrent à la maison.

●

— Mon voisin est vraiment bizarre.

— Comment ça?

— Il n'avance ni ne recule jamais l'heure, il change de montre!

•

— Maman! Maman! La bibliothèque du salon vient de tomber!

— Mon Dieu! Va vite avertir ton père!

— Mais il le sait déjà, il est en dessous.

•

Le frère de Molly suit des cours de trompette depuis deux mois. Elle lui dit un jour:

— J'ai hâte que tu passes à la télévision.

— Tu es vraiment gentille de me dire ça.

— Parce qu'au moins, la télé, je vais pouvoir l'éteindre!

•

— Je me suis fait installer le câble.

— Qu'est-ce que tu regardes à présent ?

— J'aime beaucoup le canal Famille et le canal Découverte.

— Moi aussi, je me suis fait installer le câble. Mais je ne suis pas satisfait du tout.

— Pourquoi ?

— Je n'ai pas encore trouvé le canal Lachine.

●

— Quelqu'un m'a dit que chaque fois qu'on te posait une question, tu répondais par une question. C'est vrai ?

— Qui t'a dit ça ?

●

Deux hommes se promènent sur un pont. Soudain, un des deux saute en bas. L'autre, en souliers.

●

— Dis, Jules, qu'est-ce que tu fais là?

— Je pêche la truite.

— Et est-ce que tu en as pris?

— Non, je n'ai rien pris.

— Alors, si tu n'as rien pris, comment peux-tu dire que tu pêches la truite?

•

— Il faut m'aider, dit un patient à son psychiatre. Le plafond de ma chambre est couvert de ravissantes vedettes de cinéma.

— Où est le problème?

— Mais je dors sur le ventre!

•

Deux clochards sont assis sous un pont:

— Dis donc, quand tu parles, tu as la bouche qui pue des pieds!

— C'est normal, j'ai toutes les dents qui se déchaussent!

•

Marie entre dans une librairie et dit à la patronne :

— Madame, je tiens à vous retourner ce livre que j'ai acheté la semaine dernière.

— Mais, les livres ne sont pas retournables, à moins qu'ils soient défectueux. Celui-ci l'est-il ?

— Oui, répond Marie. L'histoire finit très mal !

●

Deux amies vont voir un film au cinéma. Elles entrent dans la salle et trouvent rapidement une place.

— Es-tu bien assise ? demande l'une d'elles à son amie.

— Oui, très bien.

— Il n'y a personne devant toi qui te cache la vue ?

— Non, absolument pas.

— Tu veux dire que tu vois parfaitement bien l'écran ?

— Oui !

— Chanceuse ! Veux-tu changer de place avec moi ?